ATLAS

POUR

L'HISTOIRE UNIVERSELLE,

PAR M. LE COMTE DE SÉGUR.

PARTIE ANCIENNE.

OUVRAGES DE M. LE COMTE DE SÉGUR.

HISTOIRE UNIVERSELLE : HISTOIRE ANCIENNE, comprenant celle des *Mèdes*, des *Assyriens*, des *Grecs*, etc.; de la *République romaine*, des *empereurs romains*, et du *Bas-Empire*, jusqu'à la prise de Constantinople par Mahomet II; remise en 10 gros vol. in-8°, et atlas in-4°, composé de 20 planches, avec texte, titre à vignettes gravé avec le plus grand soin par P. Tardieu, et cartonné élégamment.

L'ouvrage est imprimé en cicéro neuf, sur beau papier d'Angoulême. Chaque volume est divisé en chapitres, précédés chacun d'un sommaire, et accompagnés de notes marginales. Le dernier volume comprend une table alphabétique et analytique raisonnée des matières.

	fr.	c.
Prix des 10 vol. in-8°, sans atlas.	65	0
Avec l'atlas, belles épreuves *en noir*.	70	0
Idem colorié avec le *plus grand soin*.	80	0
Papier vélin, *le double*.		
L'atlas se vend séparément, *en noir*.	10	0
Colorié	20	0
LE MÊME OUVRAGE, édition en 25 vol. in 18, avec cartes et gravures. Prix, figures en noir	50	0
Avec figures coloriées	62	0
On vend séparément :		
L'HISTOIRE ANCIENNE proprement dite, 9 vol.	18	0
Figures coloriées	23	0
Et on détache de cette même histoire celle des		
Egyptiens et des *Assyriens*, 1 vol. avec fig. Prix	2	25
Mèdes et Perses, 2 vol. *idem*	4	50
Juifs, 2 vol. *idem*	4	50
Grecs, 3 vol. *idem*	7	0
Sicile et Carthage, 1 vol. *idem*	2	25
HISTOIRE ROMAINE, 7 vol. *idem*	14	0
Figures coloriées	18	0
HISTOIRE DU BAS-EMPIRE, 9 vol. *idem*	18	0
Figures coloriées	23	0
HISTOIRE DE FRANCE, première livraison, composée de 6 vol. in-18, avec cartes et gravures	12	0
On vend séparément :		
HISTOIRE DE CHARLEMAGNE, par le même, 1 vol. in-18, avec cartes et gravures	2	50
HISTOIRE DES GAULES, par le même, 2 vol. in-18, avec cartes et figures. Prix	5	0
GALERIE MORALE ET POLITIQUE, 2 vol. in-8°, deuxième édition. Le premier volume est à la troisième édition. (*Il se vend séparément* 6 fr.) Prix.	12	0
Un troisième volume de cette collection paraîtra en 1822.		
QUATRE AGES (les) DE LA VIE, ou Étrennes à tous les âges, 1 vol. in-12, avec de jolies gravures	5	0
ROMANCES ET CHANSONS, 1 vol. in-18, avec deux gravures	2	0
POLITIQUE DE TOUS LES CABINETS DE L'EUROPE, pendant les règnes de Louis XV et de Louis XVI, contenant des pièces authentiques sur la correspondance secrète du prince de Broglie. — Un ouvrage sur la situation de toutes les puissances de l'Europe, dirigé par lui, et exécuté par M. Favier. — Les doutes sur le traité de 1756, par le même. — Plusieurs mémoires du comte de Vergennes, de Turgot, etc., avec des notes et commentaires, un mémoire sur le pacte de famille, et l'examen du système fédératif qui peut le moins convenir à la France; par M. le comte de Ségur, 4e édition, revue, corrigée et de beaucoup améliorée, 3 vol. in-8°. Prix.	21	0
TABLEAU HISTORIQUE ET POLITIQUE DE L'EUROPE, depuis 1786 jusqu'en 1796 (an 4 de la République), contenant l'histoire des principaux événemens du règne de Guillaume II, roi de Prusse, et un précis des révolutions de Brabant, de Hollande, de Pologne et de France, quatrième édition, corrigée et de beaucoup améliorée, 3 vol. in-8°. Prix.	21	0

Ces deux ouvrages manquent depuis long-temps dans le commerce de la librairie; les demandes multipliées qui en ont été faites, et nos instances auprès de M. de Ségur, l'ont déterminé à en donner une quatrième édition. Cette nouvelle édition aura tout l'attrait de la nouveauté, tant à cause des changemens que l'auteur a jugé à propos d'y faire, que des grands souvenirs qui en forment l'objet. On pourrait ajouter que ces ouvrages sont devenus classiques pour les publicistes et les diplomates, et enfin pour tous ceux qui s'occupent de l'intérêt des peuples et des gouvernemens.

Ces deux ouvrages sont *sous presse* et paraîtront en juin prochain. Les personnes qui se feront inscrire d'ici au 1er *mai* les paieront à raison de 6 fr. le volume.

ATLAS

POUR

L'HISTOIRE UNIVERSELLE,

PAR M. LE COMTE DE SÉGUR,

DE L'ACADÉMIE FRANÇAISE.

PARTIE ANCIENNE, ROMAINE ET DU BAS-EMPIRE.

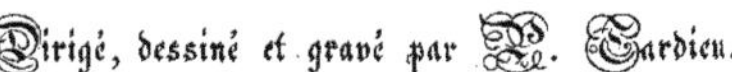

Avec le texte explicatif.

PARIS,
ALEXIS EYMERY, ÉDITEUR DU CHOIX DE RAPPORTS, OPINIONS ET DISCOURS, etc., RUE MAZARINE, N° 30.

1822.

AVIS.

Cet Atlas, conçu sous un point de vue général, n'est pas seulement utile pour la lecture de la partie ancienne de l'Histoire universelle de M. le comte de Ségur, mais encore pour celle de tout autre ouvrage d'histoire ancienne. Il est puisé dans les travaux de d'Anville et autres géographes français, dans les sculptures antiques du Musée du Louvre, et dans divers recueils de gravures qui offrent la représentation des objets d'antiquités qui sont parvenus jusqu'à nous, soit qu'ils aient échappé aux ravages des barbares, comme quelques temples et colonnes triomphales, soit que les modernes les aient retrouvés dans le sein de la terre, comme cela arrive tous les jours. L'engloutissement des deux villes antiques d'Herculanum et de Pompeïa, recouvertes de cendres et de laves par l'éruption du Vésuve qui arriva du temps de Titus, a fait retrouver les maisons, les tableaux, les statues, les meubles et les ustensiles tels qu'ils étaient au moment de cette affreuse catastrophe, et les offre encore à notre investigation. La grande quantité d'objets d'antiquité qui nous sont connus aurait pu nous permettre de composer cet Atlas de plus de planches et de lui donner un plus grand format, mais nous avons désiré en fixer le prix de manière à le mettre à la portée d'un plus grand nombre d'acquéreurs, sans néanmoins omettre aucun des objets vraiment intéressans. Nous allons rendre compte en détail des sources où nous avons puisé, et donner quelques explications qui naissent de l'aspect des figures.

TABLE

DES PLANCHES.

EXPLICATION DES PLANCHES.

Pl. I. — *Monde connu des anciens.*

CETTE carte présente le tableau des connaissances géographiques des Phéniciens, des Hébreux, des Grecs et des Romains. Quoique leurs savans aient déduit la sphéricité de la terre des mêmes phénomènes physiques qui la firent soupçonner à Christophe Colomb, cependant l'état peu avancé de leur navigation, qui les retenait toujours près des côtes et les empêchait de se hasarder sur les vastes plaines de l'Océan, fut cause qu'ils ignorèrent la configuration des pays qui étaient trop éloignés d'eux. L'aspect de cette carte nous montre que les portions de l'Europe, de l'Asie et de l'Afrique qu'ils connaissaient étaient beaucoup plus étendues de l'est à l'ouest que du sud au nord. C'est pourquoi ils appelaient longitude ou longueur la direction à l'extrémité de laquelle ils voyaient le soleil se lever et se coucher, et latitude ou largeur la direction qui aboutit au point, centre des révolutions diurnes des corps célestes. Ce n'est, il faut le croire, que par habitude que les modernes ont conservé ces dénominations, car elles ne signifient rien maintenant qu'on les applique à la surface d'une sphère où tous les grands cercles sont égaux. On a fait entrer dans cette carte les détails que son échelle a pu comporter. Ils ont été puisés dans les cartes de d'Anville, Bonne, Mentelle et Barbié-du-Bocage.

Pl. II. — *Egypte.*

Le tracé de cette carte est extrait des travaux géographiques exécutés, sous la direction de MM. Nouet et Jacotin, par les ingénieurs de l'expédition si mémorable des Français en Egypte en 1799, sur lequel on a placé les villes anciennes d'après la carte de d'Anville.

Pl. III. — *Palestine ou Judée.*

La partie physique de cette carte est tirée de celle de la Syrie moderne faite au Caire en 1799, par M. Paultre, aide-de-camp du général Kléber; et sur cette base on a établi les détails de géographie ancienne d'après d'Anville. Cette carte offre les noms des nations qui occupaient la terre promise avant l'invasion du peuple de Dieu. Nous y avons joint, dans des cadres séparés, la division de la terre de Chanaan entre les douze tribus d'Israël, et les pays tributaires de David et de Salomon.

Pl. IV — *Grèce.*

Cette carte est une réduction de celle de la Grèce et de ses colonies, dressée pour le Voyage du jeune Anacharsis par M. Barbié-du-Bocage. Les travaux et les recherches sans nombre auxquels ce savant auteur s'est livré pour sa construction sont bien récompensés par la haute réputation dont elle jouit.

Pl. V. — *Empire d'Alexandre.*

Cette carte est extraite des travaux de d'Anville, et de la carte des marches et de l'empire d'Alexandre, dressée pour l'ouvrage de M. de Sainte-Croix, intitulé Examen des historiens d'Alexandre, par M. Barbié-du-Bocage.

Pl. VI. — *Empire romain.*

Cette carte est une réduction des travaux de d'Anville.

Pl. VII. — *Empire grec.*

Cette carte est une copie de celle dressée par M. Isambert pour l'édition in-18 de cet ouvrage. Elle offre l'étendue de l'empire grec sous Justinien, l'an de J.-C. 565.

Pl. VIII. — *Plan de Sparte, plan d'Athènes et de ses environs.*

Ces deux plans sont extraits de l'atlas du Voyage du jeune Anacharsis par M. Barbié-du-Bocage. Sur le premier, on voit les cinq bourgades qui formaient la ville de Sparte, qui ne fut entourée de murailles que plus tard. Le plan d'Athènes montre les murs garnis de tours qui de cette ville s'étendaient à deux lieues de distance jusqu'à ses deux ports Pirée et Phalère, d'où des milliers de vaisseaux portaient sur tous les rivages de la Méditerranée les produits des arts et des manufactures de cette république industrieuse.

Pl. IX. — *Plans de Jérusalem et de Syracuse.*

On s'est servi, pour dresser le plan de Jérusalem, de celui que le père Lami a joint à son Apparat biblique, et de celui qui se trouve sur la carte de la Palestine de M. Soulavie et qui accompagne la Vie de J.-C. par le père de Ligny.

Le plan de Syracuse est copié de l'Essai sur la topographie de cette ville par M. Letronne, pour servir à l'intelligence des sixième et septième livres de Thucydide.

Pl. X. — *Plans de Rome et de Constantinople.*

Le plan de la ville éternelle est calqué sur celui de d'Anville ; on s'est attaché à bien faire distinguer les sept collines et surtout le mont Capitolin dont l'extrémité la plus escarpée est la célèbre roche Tarpéienne.

Le plan de Constantinople et de ses environs est une copie de celui qui a été dressé avec beaucoup de soin par M. Isambert, pour l'époque de la prise de cette ville par Mahomet II, l'an de J.-C. 1453, et qui se trouve dans l'édition in-18 de cet ouvrage.

Pl. XI — *Iconographie grecque*.

Nous avons intitulé cette planche *Iconographie grecque*, parce que presque toutes ces têtes représentent des Grecs. Les quatre qui ne le sont pas sont assez connus, et chacun sait bien quelle est la patrie qui leur a donné le jour. Il est nécessaire de prévenir que la forme de médailles sous laquelle nous présentons les portraits des plus illustres personnages de l'antiquité, dans cette planche et dans la suivante, n'est qu'un moyen d'en faire tenir un plus grand nombre dans le cadre. Quelques-uns sont copiés effectivement d'après des médailles antiques, mais c'est la moins grande partie. M. Crinier, peintre, et moi, qui avons dessiné ces portraits, avons mis tous nos soins à la ressemblance, comme on pourra s'en convaincre par la comparaison de ceux qui sont gravés d'après les bustes et les statues du Musée du Louvre.

Homère, Lycurgue, Aristide, Léonidas, Darius et Xerxès sont des têtes idéales et que les anciens avaient adoptées comme de convention pour représenter ces personnages; au lieu que toutes les autres sont authentiques et d'une ressemblance qui ne laisse aucun doute. En lisant l'Iconographie grecque et romaine de Visconti, il est curieux de suivre les rapprochemens et les comparaisons qui ont été faits entre plusieurs portraits du même personnage, dont ceux qui portent les noms servent à reconnaître ceux qui en sont dépourvus, ce qui est extrêmement utile lorsque ces derniers sont supérieurs pour l'exécution ou pour la finesse de l'expression.

Solon, Miltiade, Thémistocle, Périclès, Esope, Eschyle, Sophocle, Hérodote, Platon, Diogène et Annibal sont copiés de l'Iconographie grecque de Visconti. Ptolémée Soter est tiré de l'ouvrage intitulé Pierres gravées du cabinet du duc d'Orléans, et Alexandre-le-Grand d'une médaille où il est représenté jeune. Les autres têtes ont été dessinées au Musée royal du Louvre; Hippocrate et Socrate d'après les Hermès N°s 524 et 526; Démosthène d'après le buste N° 201; Euripide d'après la petite statue N° 65. Quant à Alcibiade, si connu par l'extrême beauté dont il brillait dans sa jeunesse, il ne nous reste de lui que des portraits (Iconographie grecque de Visconti, planche XVI, et Musée royal, Hermès N° 94) où il paraît avoir environ trente-six ans. C'est pourquoi j'ai cru faire une chose curieuse de chercher à rendre à ses traits virils la grâce des contours qu'ils avaient dans l'adolescence, laissant à décider si j'ai réussi à ceux qui voudront faire la comparaison de mon dessin avec les originaux que j'ai rajeunis.

Pl. XII. — *Iconographie romaine*.

Dans cette planche les portraits de Junius Brutus, de Marius, de Pompée, de Cicéron, de Marcus Brutus et d'Antoine sont tirés de l'Iconographie romaine de Visconti. Scipion l'Africain et Sylla, de bustes de bronze déterrés à Herculanum. César, Trajan et Antonin, du recueil des pierres gravées du cabinet du duc d'Orléans. Alexandre Sévère, Dioclétien, Constantin, Julien et Théodose, de médailles de bronze. La tête de Caton n'est point authentique. Les autres ont été dessinées au Musée royal du Louvre. Vespasien et Titus d'après les bustes de bronze N°s 28 et 43. Auguste, Germanicus, Adrien et Marc-Aurèle d'après les statues en marbre N°s 113, 141, 276 et 26, et enfin Néron d'après le buste en marbre N° 334. Les traits de cette figure ne sont-ils pas un argument en faveur de ceux qui prétendent connaître le caractère des hommes par leur physionomie.

Pl. XIII. — *Costumes des peuples anciens.*

L'Égyptien est tiré de l'Antiquité expliquée de Montfaucon qui possédait l'original antique de cette figure. Il dit expressément que la chaussure de cet homme monte jusqu'au-dessus des genoux. Au rapport de Xénophon, les boucliers des Égyptiens étaient de bois, et couvraient le soldat presque tout entier. L'Égyptienne qui porte le systre est tirée de plusieurs pompes et processions d'Isis. Les Assyriens sont extraits de plusieurs médailles. Les Mèdes et les Perses sont pris de bas-reliefs du voyage de Chardin en Perse.

Les costumes des Athéniens et des Lacédémoniens sont dessinés d'après divers monumens et d'après les descriptions qu'en donne l'abbé Barthélemi dans le Voyage du jeune Anacharsis. Les Spartiates portaient à la guerre des vêtemens rouges, pour que l'ennemi ne pût pas voir le sang qui coulait de leurs blessures, et qui aurait taché des habits de toute autre couleur. D'après une loi de Lycurgue, les jeunes Lacédémoniennes portaient une tunique ouverte de chaque côté qui laissait voir les jambes et les cuisses; elles la relevaient lorsqu'elles se livraient à des exercices gymnastiques auxquels on les exerçait de même que les jeunes garçons. L'habillement des Troyens était le même que celui des Athéniens. Les Troyens ou Phrygiens portaient un bonnet ou mitre dont la partie supérieure retombait en avant; une tunique à manches larges, serrées sur le bras par plusieurs cordons; de larges pantalons nommés anaxyrides, noués au-dessus de la cheville; et un manteau, comme nous le montrent la statue antique appelée par les uns Pâris, et par les autres jeune prêtre de Mithras, et les bas-reliefs représentant Mithras vainqueur du taureau céleste à l'équinoxe du printemps. Les Carthaginois, selon Tertullien, ne serraient point leur tunique avec une ceinture. Ils portaient en outre un manteau carré, attaché sur l'épaule avec une boucle. On croit que ce manteau est la saie dont font mention les auteurs anciens, et on a assayé de le représenter dans cette planche d'après ces descriptions. Le Dace est copié d'une statue antique gravée dans Montfaucon; ce costume était presque le même que celui des Parthes, des Perses et de plusieurs nations germaniques.

Les Juifs et le Grand-Prêtre d'Israël sont dessinés d'après les descriptions et les figures que l'on trouve dans les bibles. Le Prêtre romain est extrait de plusieurs sacrifices qui se trouvent sur la colonne Trajane et sur l'arc de Constantin. Il tient en main le bâton recourbé par un bout que tenaient les augures lorsqu'ils observaient le vol des oiseaux. Le Plébéien romain est copié des marches triomphales sculptées sur l'arc de Titus. Les trois dernières figures, le Sénateur romain, la Dame romaine et la Vestale sont dessinées d'après des statues antiques.

Pl. XIV. — *Cavaliers anciens.*

Nous avons cru qu'une planche offrant les cavaliers anciens présenterait un coup d'œil assez curieux; effectivement l'on y remarque qu'ils ne se servaient point d'étriers, que plusieurs nations montaient leurs chevaux à poil, et que d'autres ne mettaient sur le cheval qu'une pièce d'étoffe, jusqu'au temps de Théodose où les selles paraissent pour la première fois sur les monumens. A l'exception du Cavalier maure, tous les autres conduisent comme aujourd'hui leurs chevaux avec un mors et une bride. Les Grecs et les Romains avaient la même manière de monter à cheval et se servaient des mêmes armes.

Le premier Cavalier grec est copié d'une médaille représentant Alexandre monté sur Bucéphale, tiré de l'Antiquité expliquée de Montfaucon. Le second Grec ainsi que le Perse sont dessinés d'après une des batailles d'Alexandre peintes par Lebrun. On sait que cet habile artiste avait une grande connaissance de l'antiquité, et que les costumes et les armures des personnages de ses tableaux sont parfaitement d'accord avec les écrits et les monumens des anciens. Le Perse, outre son arc et ses flèches, est armé d'une masse d'armes de métal pour combattre de près. Le Sarmate est tiré de la colonne Trajane. Chez ce peuple nomade, qui ne connaissait pas l'art d'extraire et de travailler les métaux, les guerriers, pour se faire des cuirasses pour eux et leurs chevaux, taillaient de petites lames de corne de pied de cheval, et en formaient des écailles qu'ils perçaient pour les attacher sur des habits de lin. Pausanias, qui fait ce récit, ajoute que les pointes de leurs lances et de leurs flèches étaient armées de lames d'os.

Le Maure est représenté sur la colonne Trajane avec les cheveux et la barbe frisés et partagés en boucles avec régularité. Son cheval a la tête entièrement libre; il n'a ni mors ni bride, mais une corde à deux tours au bas du col. Il y a apparence qu'avec cette corde passée deux fois autour du cou du cheval, le cavalier l'arrêtait ou le faisait tourner à sa volonté. Le Germain, tiré de la colonne Antonine, est coiffé d'un bonnet, et vêtu d'une tunique à manches et de braies ou pantalons. Les cavaliers de cette nation combattaient avec la lance; les fantassins sont représentés sur la même colonne armés de frondes et d'épées, mais sur la colonne Trajane ils portent de courtes massues qu'ils manient d'une seule main. Le Parthe est extrait de l'arc de Septime Sévère; il porte le bonnet phrygien, une tunique attachée avec une ceinture, un manteau et des pantalons. Comme sur tous les monumens antiques les armes des guerriers étaient souvent détachées du fond et saillantes, beaucoup ont été cassées par accident, de sorte qu'on ne voit point quelles étaient celles que tenaient en leurs mains des figures qui sont dans l'attitude du combat. Nous avons armé celle-ci de la harpé ou sabre recourbé dont se servaient presque tous les Asiatiques.

Le Chevalier romain du temps de la république est représenté portant l'ancien bouclier rond appelé *Clipeus*; nous l'avons ajusté d'après plusieurs figures antiques différentes. La figure suivante est un simple Cavalier romain tiré de la colonne Trajane. L'Officier romain, sous Septime Sévère, est une des statues équestres placées sur l'arc de cet empereur, où elle accompagne son char de triomphe attelé de six chevaux. Le Soldat romain qui suit est pris de l'arc de Constantin. Enfin la dernière figure est un Officier romain tiré de la colonne de Théodose. Il est remarquable en ce que son cheval, dont la crinière est en partie tressée, porte une selle à pommeau, assez semblable à celle dont on fait usage aujourd'hui. Sous les empereurs, les Romains raccourcirent successivement la longueur de leurs épées, de telle sorte que celles que portent ce cavalier et les autres guerriers sculptés sur la même colonne, évaluées comparativement à la taille de l'homme, n'ont pas plus de sept pouces de lame.

Pl. XV. — *Monumens antiques grecs et romains.*

Parmi les monumens romains, les colonnes et les arcs de triomphe sont extrêmement utiles aux modernes par les bas-reliefs qui les couvrent, qui nous font connaître un grand nombre de costumes, d'ustensiles et d'usages que nous aurions toujours ignorés faute de leur secours. Les colonnes triomphales les plus célèbres sont la colonne Trajane, la colonne Antonine et la colonne de Duilius que nous donnons dans cette planche.

La première était placée au milieu du marché de Trajan, à l'endroit où on la voit encore à Rome. C'est une petite tour dans laquelle on monte par un escalier à vis jusqu'au dessus du chapiteau dorique, surmonté dans l'origine de la statue de cet empereur, que le pape Sixte V a fait ôter pour la faire remplacer par celle de saint Pierre. Le fût est orné de bas-reliefs en spirale qui forment vingt-trois entours sur eux-mêmes depuis la base jusqu'au chapiteau. Ils représentent les deux expéditions de Trajan contre les Daces, mais il est à regretter qu'un grand nombre de figures aient été endommagées dans les temps de barbarie, lorsque l'on enleva les crampons de bronze qui attachaient ensemble les vingt-quatre blocs de marbre blanc dont cette colonne est formée. Sa hauteur, sans y comprendre la statue, est de 128 pieds.

La colonne Aurélienne, dite Antonine, est presque de la même hauteur et contient aussi un escalier à vis éclairé par des lucarnes. Elle est composée de vingt-huit morceaux d'un marbre jadis blanc et maintenant jaunâtre et roussâtre. Elle fut élevée à Rome, où elle existe encore, pour célébrer les victoires de Marc-Aurèle sur les Marcomans, les Quades et autres nations germaniques; mais, par une pieuse reconnaissance, ce prince la dédia à son beau-père l'empereur Antonin et lui donna le nom qu'elle a porté jusqu'aujourd'hui. Elle est aussi ornée de bas-reliefs en spirale représentant les combats des Romains contre les Germains, et fut surmontée de la statue en bronze doré de l'empereur Marc-Aurèle jusqu'au temps de Sixte V, qui la fit remplacer par celle de saint Paul. Ces colonnes sont réduites d'après les gravures de Pyranèse.

La colonne Rostrale de Duilius, dessinée d'après Montfaucon, est ainsi nommée parce qu'elle est décorée de proues de navires, appelées en latin *rostra*. Elle était autrefois au Forum, et on en voit un modèle au pied de l'escalier intérieur du Capitole. Elle fut érigée en commémoration de la victoire que C. Duilius remporta sur les Carthaginois dans le premier combat naval que les Romains soutinrent contre ces habiles marins. Elle est surmontée d'une petite statue de Rome triomphante.

L'arc de triomphe le plus ancien de ceux qui subsistent encore est celui d'Orange, élevé, à ce que l'on croit, pour la victoire de Marius et de Catulus sur les Cimbres et les Teutons ; celui que nous donnons est réduit de l'ouvrage de M. de Laborde sur les monumens du midi de la France.

Il y a deux arcs de Septime Sévère. Le grand, que nous avons représenté ici, est au bas du Capitole ; les bas-reliefs dont il est couvert représentent la défaite des Parthes. Un char triomphal attelé de six chevaux, dans lequel étaient les deux empereurs Sévère et Caracalla, était autrefois placé au-dessus de cet arc avec quatre statues d'officiers romains, deux à pied et deux à cheval, le tout en bronze doré. Il est tiré de l'ouvrage de Desgodets.

Le théâtre de Marcellus fut commencé par César et achevé par Auguste pour le fils d'Octavie. On en attribue la construction à Vitruve. Son plan, demi circulaire, avait 378 pieds de diamètre; les siéges qui le contournaient intérieurement pouvaient contenir trente mille spectateurs. L'édifice offrait trois ordres les uns au-dessus des autres ; il est maintenant très-mutilé et enterré jusqu'au tiers de la hauteur du premier ordre. Il est dessiné d'après une restauration moderne.

Le tombeau romain que nous donnons est celui de Cécilia Métella, femme de Crassus ; il se compose d'un soubassement carré qui supporte un corps circulaire couronné par une corniche ornée de têtes de bœufs ; l'intérieur est une chambre voûtée qui renfermait le sarcophage.

Le mausolée d'Adrien fut commencé de son vivant : il présente un soubassement carré au-dessus duquel s'élève un corps circulaire de 772 pieds de circonférence, composé de trois étages décroissans dont les deux premiers étaient ornés de colonnes ; au-dessus était une coupole couronnée par une pomme de pin en bronze doré, qui contenait, dit-on, les cendres de cet empereur. Bélisaire s'étant fortifié dans cet édifice contre les Goths qui l'y assiégeaient, et manquant de munitions de guerre, fit briser les belles statues qui le décoraient, pour en jeter les morceaux sur les assaillans. Ce beau monument, mutilé par des barbares en différens temps, est devenu ce que l'on appelle aujourd'hui à Rome le château Saint-Ange.

Le tombeau grec que nous donnons est réduit d'après l'ouvrage que M. Mazois a publié sur les ruines de Pompéïa.

Le Parthenon ou temple de la Vierge à Athènes fut construit sous l'administration de Périclès, et dédié à Minerve vierge-mère de Bacchus. Il était situé au milieu de la citadelle, et bâti en marbre blanc tiré des carrières du mont Pentélique. Il était entouré d'un portique formé de colonnes d'ordre dorique cannelées ; il avait 100 pieds de large, 230 pieds de long et 70 de haut. Selon Pausanias le fronton antérieur représentait la naissance de Minerve. Dans le sanctuaire était sa statue d'or et d'ivoire, haute de 36 pieds, ouvrage du célèbre Phidias. La déesse était représentée debout, casquée, couverte de l'égide, et tenant une lance d'une main et de l'autre une Victoire ailée, haute de cinq pieds et demi. Thucydide dit que l'or employé dans cette statue était de la valeur de 40 talens, environ trois millions de francs. Nous donnons cet édifice d'après l'ouvrage de Stuart sur les antiquités d'Athènes.

Le temple de Jupiter Tonnant, à Rome, fut élevé par Auguste. Cet empereur voyageant de nuit en Espagne par un temps orageux, le tonnerre tomba sur un de ses serviteurs et ne lui fit à lui-même aucun mal. C'est en reconnaissance de cette protection divine, qu'il attribua à Jupiter, qu'il lui dédia ce temple. Il n'en reste plus que les trois colonnes qui formaient l'angle du portique; elles sont d'ordre corinthien, cannelées et d'un seul morceau de marbre grec; au-dessus est un entablement qui offre une grande richesse de détails. Ce dessin est extrait d'une médaille antique donnée par Montfaucon, sur laquelle la statue du dieu est représentée sous le portique. Cet usage numismatique ne doit induire personne en erreur; le graveur a voulu faire voir en même temps sur la médaille et le temple et la statue, quoique celle-ci fût placée au fond du sanctuaire.

Pl. XVI. — *Monumens antiques syriens et égyptiens.*

Nous donnons dans cette planche la façade du temple du soleil dont on voit encore les ruines à Balbek en Syrie. Il était au milieu d'une vaste cour entourée de portiques séparés en plusieurs parties, à peu près comme les chapelles de nos églises, et dont on voit la coupe sur la gravure; il avait 268 pieds de long sur 146 de large et 72 pieds de haut. Il était d'ordre corinthien et fut construit en granit blanc sous le règne d'Antonin le Pieux, sur l'emplacement d'un autre plus ancien qui tombait en ruines. Balbek en syriaque, comme Héliopolis en grec, signifie ville du soleil. Son culte existait dans cette ville dès la plus haute antiquité; sa statue, semblable à celle d'Osiris, y avait été transportée d'Héliopolis d'Égypte, et on l'y adorait avec les cérémonies les plus imposantes. Le dessin que nous en donnons est réduit de l'ouvrage intitulé *Ruines de Balbek*, publié à Londres par Robert Wood.

L'obélisque égyptien couvert d'hiéroglyphes était consacré au soleil. Il fut transporté à Rome, où on le voit encore sur la place du Peuple. L'obélisque romain fut consacré à Auguste par Tibère; il fut placé au Vatican par Fontana, sous Sixte V.

Nous donnons, d'après Montfaucon, une médaille représentant le Labyrinthe de Crète. C'était un lieu rempli de détours revenant sur eux-mêmes et n'ayant qu'une seule issue. On lit à l'entour, en lettres grecques, le nom de la ville de Gnosse, près de laquelle on le disait situé, et dont cette médaille était une monnaie.

Le colosse de Rhodes était une énorme statue de bronze de 70 coudées de haut ou plus de 100 pieds, représentant le Soleil. Ses pieds étaient posés sur deux bases qui formaient l'entrée du port, et les plus gros vaisseaux de ce temps-là passaient à pleines voiles entre ses jambes. Il fut fait par Charès de Linde, vers le temps de l'expédition d'Annibal en Italie. Il tenait dans sa main droite un vase qui servait de phare pendant la nuit. Il fut renversé par un tremblement de terre 56 ans après. Il fut relevé du temps de Vespasien, et fut enfin vendu par les Sarrasins, lorsqu'ils prirent Rhodes, à un juif, qui, l'ayant mis en pièces, en chargea 900 chameaux.

Le Sphinx est une figure que l'on voit près des pyramides d'Égypte, dont la tête, le cou et une partie du dos saillent encore au-dessus des sables qui ont recouvert les parties inférieures. On peut juger à l'inspection de la gravure qui le représente, que ce qui est enfoui doit avoir à peu près la même hauteur que ce qui est dehors, ce qui donne environ 60 pieds pour la hauteur totale. Volney dit qu'en voyant cette tête caractérisée nègre dans tous ses traits, il se rappela ce passage remarquable d'Hérodote : « Pour moi, j'estime que les Colches sont une colonie des Égyptiens, parce que, comme eux, ils ont la peau noire et les cheveux crépus. »

Cette observation de Volney et ce rapport d'Hérodote entraînent la conséquence que ce sont des nègres qui ont sculpté ce sphinx et construit les pyramides. Oui, c'est cette race noire, à laquelle tant d'Européens refusent la même intelligence qu'à l'espèce blanche, qui nous a cependant transmis les arts et les sciences. C'est elle qui nous a laissé cette division des étoiles en constellations, dont nous n'avons encore presque rien changé, et qui, pour que nous ne puissions ignorer de qui nous la tenions, y a placé Cephée, roi d'Éthiopie, Cassiopée, reine d'Éthiopie, dont une des étoiles est nommée en arabe *Caph al Chadib*, main noire; Persée, fils du roi d'Éthiopie, Andromède, fille du roi d'Éthiopie, en un mot toute une famille noire. C'est elle qui donnait à la constellation que nous appelons l'Éridan, le nom de Nil ou fleuve noir; qui nommait la planète de Vénus *Mélanie* ou noire; qui avait placé aux cieux pour symbole du soleil le corbeau, oiseau noir, et l'aigle, que les Arabes appellent par tradition *Okab*, qui signifie aigle noir; agissant en cela comme les nègres de nos jours, qui font leur dieu noir comme eux et le diable blanc.

Les pyramides d'Égypte sont d'énormes massifs de pierre terminés en pointe, et dont la base est un carré orienté, c'est-à-dire que ses côtés sont perpendiculaires aux quatre points cardinaux. On en voit en différens endroits de l'Égypte; mais près de Djizé, à quatre lieues du Caire, il y en a trois que leurs dimensions vraiment gigantesques avaient fait placer au nombre des Merveilles du monde. La plus grande a plus de 600 pieds de base et 480 pieds de haut. Les souverains de ce pays faisaient élever ces montagnes de pierres pour leur servir de tombeaux, comme le démontre le sarcophage que l'on voit dans l'intérieur de l'une d'elles, et l'étymologie du mot *pyramide* donnée par Volney dans son Voyage en Égypte et en Syrie. La main du temps ni celle des hommes n'ont rien pu jusqu'ici contre ces monumens extraordinaires. La solidité de leur construction et l'énormité de leur masse les ont garantis de toute atteinte et semblent leur assurer une durée éternelle.

La porte du temple d'Apollinopolis Magna est celle de l'enceinte extérieure, formant une cour à l'entour du temple; elle est comprise entre deux grandes masses pyramidales couvertes de sculptures. Ces bas-reliefs ont été exécutés sans que l'on ait abattu la pierre qui les environne, en sorte qu'ils se trouvent placés dans une espèce de creux et que les parties les plus saillantes ne sortent pas de la face du mur. Cette sculpture en relief dans le creux est particulière aux monumens des anciens Égyptiens. Elle est toujours employée au dehors des édifices, parce que sa nature la met à l'abri des chocs et des autres accidens auxquels les bas-reliefs ordinaires sont exposés. Les deux battans de la porte, que l'on croit avoir été de bois ou de métal, avaient 50 pieds de haut; ce qui doit donner une idée de l'aspect gigantesque de cette construction. Ce dessin et ces notions sont tirés du grand ouvrage de la Description de l'Égypte, publié par le gouvernement français.

Le portique du temple de Tentyris, aujourd'hui Dendera, en Égypte, présente six colonnes engagées dans des murs d'entre-colonnement, deux supports extrêmes à peu près semblables aux antes des édifices grecs, et une architrave surmontée d'une élégante corniche. Les chapiteaux sont formés de la réunion de quatre masques d'Isis, et surmontés d'un dé dont chaque face représente une espèce de temple. L'espacement des colonnes du milieu, qui est double de celui des autres, donne à la façade du portique un air de grandeur et de majesté. Les sculptures dont elle est décorée représentent des offrandes à Isis et à Osiris, tantôt à tête d'épervier et tantôt à tête humaine. Dans les bas-reliefs inférieurs des antes, les personnages sont de grandeur colossale, ils ont trois mètres et demi de hauteur. Toutes ces sculptures étaient peintes, tant celles de l'intérieur du temple que celles de l'extérieur. Le rouge s'y trouve dans différentes nuances, mais surtout avec une teinte sombre et foncée; le bleu céleste est éclatant, et le jaune très-brillant. On y voit aussi différentes nuances de vert. Toutes ces couleurs étaient étendues sur un léger enduit, à peu près pareil à celui dont nos décorateurs en bois font usage; mais il fallait qu'il n'offrît qu'une couche extrêmement mince pour conserver, comme cela a lieu, tous les plus petits détails de sculpture. (Description de l'Egypte, publiée par le gouvernement français.)

Pl. XVIII. — *Statues des dieux et idoles.*

Les sages et les philosophes de l'antiquité reconnaissaient comme les modernes un dieu unique, ouvrier et régulateur de l'univers. Ils l'appelaient le Dieu inconnu, le grand Pan, demi Ourgos, l'ouvrier. Mais le vulgaire, guidé seulement par ses sens, adorait les plus beaux ouvrages du créateur sans remonter jusqu'à lui, et professait le sabéisme. Il élevait des temples, des autels et des statues au soleil, à la lune, aux planètes, aux constellations, à la nature, à la terre, à la mer. Mais le soleil et la lune furent plus généralement adorés. Certains peuples les croyaient frère et sœur; d'autres amant et maîtresse, et selon d'autres ils étaient époux. Dans diverses contrées le soleil portait les noms de Mesraïm, Osymandias, Moloch, Mithras, Atys, Jupiter, Ammon, Sérapis, Osiris, Apollon, Al Cid, Hercule, Thésée, Adonis, Odin, Pluton, Belus, Bacchus, Dionysos, Yes, Esus, Jao, Jacchus; et la lune ceux de Isis, Cérès, Hécate, Europe, Vesta, Cybèle, Junon, Minerve, Diane, Phébé, Bubaste, Belloue. On les représentait sous la forme humaine, car l'homme a toujours fait ses dieux à son image, et on leur donnait les attributs des fonctions qu'on les supposait remplir.

La statue d'Atys ou du soleil, amant de Cybèle, que nous donnons, est coiffée d'un bonnet phrygien; il tient une flûte à sept tuyaux, symbole d'harmonie, et un pedum ou bâton pastoral, symbole d'un conducteur. Son vêtement ouvert laisse voir son ventre, on n'en sait pas la raison.

La statue de Mithras ou du soleil des Perses nous montre un homme à tête de lion, symbole de force; il porte des ailes, symbole de vitesse, et deux clefs, signes du commencement et de la fin de l'année. Il est entouré d'un serpent qui forme des spirales autour de lui; peut-être est-ce le symbole de sa marche dans l'écliptique. Cette statue, en marbre blanc, a été déterrée à Rome. Orus, dieu du jour, était le fils d'Osiris ou du soleil chez les Egyptiens; il est représenté ici emmaillotté comme un enfant. Osiris son père a une tête d'épervier, symbole de l'été ou de la plus grande élévation de l'astre du jour, dont l'image est sculptée sur l'ornement de tête de cette statue. Isis, mère d'Orus, a la tête enveloppée de deux ailes et surmontée d'une espèce de vase ou de boisseau; elle a été déterrée à Rome. Osiris était chez les Egyptiens le soleil d'été, et Sérapis le soleil d'hiver. Il est entouré d'un serpent comme la constellation du serpentaire, qui montait le soir sur l'horizon à l'entrée de cette saison; les signes du zodiaque sont sculptés entre les spirales du serpent. Sa tête est barbue, ornée de rayons et couverte d'un boisseau, symbole d'abondance. Cette statue a été trouvée à Arles.

On a plusieurs statues de Diane d'Éphèse; elles sont toutes couronnées de tours, faites en gaîne, d'où sortent les pieds et les mains, et portent un grand nombre de mamelles. Elles sont chargées de figures humaines, de quadrupèdes, d'oiseaux, d'insectes et de fleurs sculptés sur la gaîne, et portent des colliers de fleurs et de fruits. Quelques-unes portent les symboles du soleil et de la lune; plusieurs de ces statues ont la tête et les mains en marbre noir et le reste en marbre de diverses couleurs. Les inscriptions gravées sur la base de deux d'entr'elles signifient la nature mère de toutes choses.

Vénus est copiée de la statue appelée Vénus de Médicis; la déesse est supposée sortir du sein de la mer, elle est dans l'âge de l'adolescence, et l'artiste grec a saisi avec un talent admirable l'élégance des formes, la grâce et la finesse des contours qui caractérisent le beau sexe à cet âge heureux. Apollon, appuyé sur une colonne recouverte d'un manteau, pince de la lyre. Les sculpteurs anciens dans les statues de ce dieu cherchaient à rendre la plus grande beauté à laquelle on peut concevoir que l'homme puisse parvenir. Le bel Apollon était le soleil du printemps. Junon est représentée avec une attitude fière, enveloppée d'un manteau et tenant un long sceptre. Le Jupiter qui suit, tiré d'une pierre gravée, tient le sceptre d'une main et la foudre de l'autre; son aigle est à ses pieds. Neptune est copié d'une médaille: il a le pied droit posé sur une proue et tient en sa main son trident. Minerve, casquée et couverte de l'égide, tient une lance. Bacchus est dessiné d'après une pierre gravée; il est couronné de lierre, il tient un vase renversé, et une panthère qui est à ses pieds semble hausser la tête pour attraper quelques gouttes de la liqueur qui sort du vase.

Hercule, ou le soleil dans sa force, tient une massue dans la main droite et porte à l'entour du bras gauche la dépouille du lion de Némée; il est tiré d'un tombeau antique. Cérès, déesse de la culture et des moissons, est copiée d'après une pierre gravée où on la voit debout un sceptre d'une main et des épis de l'autre; on la représente toujours vêtue. Mars, au contraire, pris d'une pierre gravée, est nu, casqué, tenant une lance d'une main et une épée de l'autre; il pose le pied sur un cancer, signe du zodiaque dans lequel les anciens prétendaient que la planète de Mars avait son domicile. Pluton, le Sérapis des Grecs, a comme lui le boisseau sur la tête: il tient à la main un sceptre, car on ne trouve sur aucun antique la fourche à deux pointes, que les modernes lui donnent pour attribut, et près de lui un chien à trois têtes, Cerbère, que quelques monumens représentent avec une tête de lion, une de loup et une de chien, et entouré d'un ou deux serpens. Mercure, tiré d'un tombeau romain, a sur la tête son chapeau ailé appelé pétase, et tient son caducée d'une main et une bourse de l'autre. Cybèle, portant sur la tête une couronne murale, est vêtue d'une longue tunique et d'un manteau, et tient une corne d'abondance. Saturne ou le Temps est représenté sous la figure d'un vieillard qui tient une faux, avec laquelle on suppose qu'il détruit successivement tout ce qui existe. Ainsi dans le grand nombre de leurs divinités les Grecs possédaient la trinité des Indiens, savoir: un Dieu créateur, Jupiter, un Dieu sauveur ou conservateur, Apollon, et un Dieu destructeur, Saturne. Mais nous n'avons dessiné aucune divinité indienne, parce qu'elles sont représentées avec des emblèmes que nous ne pouvons placer dans cet ouvrage, à cause de la différence de mœurs des deux nations. Toutes les figures de cette planche sont tirées de l'Antiquité expliquée du père Montfaucon.

Pl. XVIII. — *Armes et machines de guerre.*

De tout temps l'art funeste de détruire la plus belle œuvre du créateur a été cultivé avec autant de soin que ceux qui tendent à sa conservation. L'homme s'est fait gloire d'égorger son semblable, et l'on a décoré des noms de héros et de grand celui qui a signalé sa courte existence par le plus de ravages et de dévastations. Pour des différends qui n'intéressent que l'amour-propre de leurs chefs, les cultivateurs paisibles, les vieillards, les femmes et les enfans sont livrés comme de vils troupeaux à la férocité d'étrangers qu'ils n'ont jamais offensés, et les annales des nations sont tellement remplies de ces scènes déplorables, qu'elles en forment presque la totalité. Mais c'est le devoir de l'historien d'en dérouler le tableau à ses lecteurs, et de faire jaillir les leçons de la morale et de la justice du récit des malheurs des générations passées.

Comme les modernes, les anciens, avant de joindre leurs ennemis, leur donnaient la mort de loin. Ils portaient sur leurs épaules des carquois remplis de flèches armées de pointes d'os ou d'airain qu'ils décochaient avec des arcs; ils jetaient avec la main des traits plus forts appelés javelots, et de plus grands encore avec une machine appelée baliste, formée d'un arc que l'on établissait à demeure sur des charpentes, ou que l'on voiturait sur un haquet. Ils jetaient des pierres avec la main, avec la fronde, ou avec des machines nommées catapultes, dont le ressort, formé d'une tresse de corde, enlevait une grande cuiller, qui à l'instant le plus fort de son élan venait frapper sur une pièce de bois horizontale, et lançait au loin le bloc qu'elle contenait. Quand ils s'approchaient, ils se servaient de longues lances dont les pointes étaient d'airain, et dans la mêlée, de massues, de haches à un ou deux tranchans, et d'épées. Les Grecs et les Romains portaient des épées de bronze, dont les lames étaient droites et fort courtes, qu'ils suspendaient quelquefois sur la cuisse gauche, mais plus ordinairement sur la droite; les épées des Espagnols avaient des lames fort larges, et celles des Gaulois des lames fort longues aussi en bronze. Les anciens rendaient le cuivre aussi dur que l'acier, par des procédés qui nous sont inconnus, et l'employaient à beaucoup d'usages pour lesquels nous nous servons du fer. L'épée des Daces, des Thraces, des Perses et autres Asiatiques est celle à laquelle les Grecs donnaient le nom de harpé. La lame courbée en faucille avait 18 pouces de long et coupait des deux côtés, comme on peut s'en convaincre sur la colonne Trajane, où les guerriers qui en sont armés frappent les uns du côté concave et les autres du côté convexe. C'est le damas dont les Mamelucks et les Turcs font encore usage aujourd'hui.

Les armes défensives que portaient les anciens pour se garantir des coups de leurs ennemis étaient le casque, la cuirasse, les jambarts et le bouclier. Les casques des Grecs étaient très-profonds, de sorte qu'on pouvait en rabattre le devant sur la figure, qui se trouvait couverte, et deux trous pratiqués à la place des yeux laissaient la liberté de la vision. Ceux des Romains prenaient exactement la forme de la tête et n'avaient pas de visière. Les uns et les autres étaient de métal et souvent ornés d'une crinière. Les casques des autres nations étaient souvent une imitation de leur coiffure habituelle : quelquefois ils étaient de cuir, et chez d'autres de bois. Les cuirasses étaient presque toujours faites de cuir, on en fit cependant en bronze. Elles couvraient le corps, mais les parties qui couvraient les cuisses ou le haut du bras étaient découpées en lanières ou faites à charnières pour faciliter les mouvemens. Les Egyptiens en faisaient de plusieurs doubles de lin, et celles de leurs chefs étaient richement brodées en soie, en or et en argent. Les jambarts étaient aussi de cuir ou de bronze et couvraient les jambes depuis la cheville jusqu'au genou; plusieurs statues du Musée royal en offrent qui sont ornés d'arabesques. La forme des boucliers variait chez les diverses nations et selon les différens corps de troupes. On les fit d'abord d'osier et de bois, puis on les revêtit d'un ou de plusieurs cuirs; ensuite on y employa le cuivre, le fer et même l'or et l'argent, et on les orna d'emblèmes peints ou ciselés qui servaient à distinguer les légions. Ceux de l'infanterie romaine étaient creux et faits comme une tuile à canal, et les soldats étaient exercés à les joindre tous ensemble au-dessus de leur tête quand ils voulaient donner l'assaut à une ville assiégée, de sorte que le plancher qu'ils en formaient les garantissait des corps pesans que leur jetaient les ennemis, et servaient à leurs camarades à atteindre le haut des murailles. Cette manœuvre se nommait la tortue. Lorsque les murs étaient trop hauts pour qu'ils pussent les escalader ainsi, ils cherchaient à y faire brèche et les frappaient à coups redoublés d'une longue poutre armée d'une tête de bélier en fer ou en bronze, d'où cette machine était appelée le bélier. Les assiégés, pour en diminuer l'effet, opposaient à ses coups des bottes de paille ou de foin, ou des sacs remplis de laine.

Il n'est pas à notre connaissance que les Grecs aient fait usage d'enseignes militaires; mais les Romains s'en servaient pour que les soldats, malgré le tumulte du combat, pussent facilement se tenir rangés avec leurs camarades de la même cohorte. Il y avait cinq signes par légion, l'aigle, le loup, le minotaure, le cheval et le sanglier; mais Marius supprima les derniers, et l'aigle fut depuis lors la seule enseigne de la république romaine. Du temps des empereurs on portait un grand nombre d'enseignes différentes; mais Constantin, premier empereur chrétien, y substitua le labarum, surmonté d'une croix. C'était un étendard d'une étoffe précieuse, d'environ un pied en carré, sur lequel était brodé le monogramme du Christ.

L'homme, qui fit servir les animaux à ses besoins ou à ses caprices, les associa aussi à sa fureur guerrière. Partout où les chevaux se multipliaient avec facilité il forma des corps nombreux de cavalerie, et dans les pays chauds où l'énorme éléphant vit paisiblement dans de profondes solitudes, il alla l'y chercher pour s'en faire accompagner sur les champs de bataille. Chargé d'une tour de bois qui renfermait quatre ou cinq soldats, il jetait le désordre dans les rangs ennemis, et les guerriers qu'il portait lançaient des pierres et des traits sur leurs adversaires. Les éléphans parurent quelquefois par centaines au milieu des combats, et tournèrent souvent leur fureur contre leur propre armée, lorsqu'ils étaient blessés ou épouvantés par les clameurs des deux partis.

Comme les rois anciens et modernes, qui ne sortent de leurs palais qu'escortés d'une garde nombreuse, les consuls romains étaient toujours précédés de douze bourreaux appelés licteurs, qui portaient des instrumens de supplice, une hache au milieu d'un faisceau de verges; coutume digne d'un peuple barbare qui fut en guerre tout le temps de son existence.

Les figures de cette planche sont extraites des ouvrages de Lens, d'André Bardon, de Montfaucon, de Caylus, des bas-reliefs des colonnes Trajane et Antonine, et des marbres romains nommés trophées de Marius et apothéose de Claude.

Pl. XIX. — *Vaisseau*, *char*, *vases et ustensiles de ménage.*

Les vaisseaux des anciens n'étaient que des galères qu'ils manœuvraient à la rame autant qu'à la voile. Il y en avait à deux et trois rangs de rames et même davantage, d'où ils prenaient les noms de birèmes, trirèmes, etc. La poupe se relevait très-haut et était terminée par un ornement découpé, appelé aplustre, ou par la tête d'une oie, et la proue était garnie d'une pointe ou éperon de cuivre, nommé *rostrum*, dont le choc dans les combats perçait les vaisseaux ennemis et les faisait couler à fond. Les extrémités des ancres n'étaient pas faites en fer de flèche, mais la pointe en était recourbée de manière à ce que les deux pates avaient ensemble la forme d'un arc.

Les chars étaient ouverts par derrière, et l'on s'y tenait debout. Ils étaient souvent ornés de bas-reliefs et de matières précieuses. Ils n'avaient que deux roues, et les chevaux y étaient attelés par deux ou quatre de front. Il y avait aussi des chariots à quatre roues, mais ils ne servaient que pour le bagage. Les charrues étaient beaucoup plus simples que les nôtres, et ne consistaient souvent qu'en deux morceaux de bois joints avec des cordes, et dont le plus long était fixé au joug avec lequel les bœufs les traînaient.

Les lits des anciens étaient à peu près analogues aux nôtres quant à ceux qui servaient à dormir. Mais un raffinement de mollesse était la coutume pour les riches de manger couchés sur des lits. Ils étaient fort grands, et entouraient la table quand les convives étaient nombreux; mais dans la vie privée souvent le mari seul mangeait couché, la femme était assise sur le bord du lit, et les mets étaient posés sur une table ronde à trois pieds placée devant eux. Un grand nombre de bas-reliefs sculptés sur des tombeaux représentent des repas semblables. Les cuillers avaient des manches fort courts et les fourchettes n'avaient que deux pointes. Très-anciennement on buvait dans des cornes de bœuf, et ensuite on fit des vases à boire appelés rhytons qui conservaient cette forme primitive. Il y en avait qui étaient percés par le petit bout et avec lesquels on buvait en recevant de haut la liqueur qui en découlait. Avec d'autres on versait par le côté évasé du rhyton dans des coupes avec lesquelles on buvait, et qui ressemblaient à ce que nous nommons aujourd'hui soucoupes. Pour écrire ou converser les anciens se servaient de chaises et de plians semblables aux nôtres, mais leurs fauteuils étaient très-lourds et très-massifs. Ils s'éclairaient avec des lampes suspendues avec des chaînes ou posées sur des candélabres. Le nombre des lampes qui ornent les recueils ou les cabinets d'antiquités est très-considérable, et il est difficile pour ceux qui ne les ont pas vues de se faire une idée jusqu'où les potiers et les ciseleurs ont porté la bizarrerie et les écarts d'imagination dans la forme de cet ustensile.

Lorsqu'une famille avait perdu un de ses membres, on enveloppait le corps dans une toile d'amiante et on le brûlait sur un bûcher. Lorsqu'il était consumé, on recueillait les cendres du défunt enfermées dans le linceul incombustible, on les plaçait dans une urne plus ou moins précieuse selon la richesse des personnes, et l'on déposait cette urne dans un tombeau. On y mettait également les petites urnes lacrymatoires de verre dans lesquelles avaient été reçues les larmes versées par les parens et les amis, ou même les pleureuses à gage louées pour la cérémonie.

Les prêtres païens avaient persuadé aux peuples que c'était faire une chose agréable à leurs dieux que de leur immoler les animaux dont ils se nourrissaient eux-mêmes. Les parvis des temples avaient été transformés en de vastes boucheries, où l'on abattait les taureaux à coups de hache, où l'on enfonçait un couteau dans la gorge des béliers et des porcs pour recevoir leur sang, y tremper un aspersoir, en asperger les assistans, et l'offrir aux dieux en le versant sur le feu allumé sur un autel de pierre où l'on consumait aussi le meilleur morceau de la victime. On versait sur ce feu du vin, de l'huile ou du lait contenu dans un vase nommé kylix, cylix et aujourd'hui calice, ainsi que de l'encens posé sur un plateau circulaire appelé patère et maintenant patène. Puis un prêtre, examinant les entrailles de l'animal, en tirait des présages favorables ou funestes à celui qui offrait le sacrifice, comme si Dieu s'amusait à écrire les destinées des hommes sur les intestins d'un bœuf ou d'un cochon. Un culte aussi sanguinaire peut-il s'expliquer autrement que par ce proverbe populaire, qu'il faut bien que le prêtre vive de l'autel.

Les Hébreux, peuple long-temps nomade, qui n'avaient représenté le Seigneur ni par des statues ni dans des tableaux, eurent d'abord une tente pour tabernacle. Ils y avaient placé un coffre portatif de bois précieux surmonté de deux chérubins d'or, qui contenait les dix commandemens de Dieu sculptés par lui-même sur deux pierres. Devant ce coffre, appelé arche sainte, brûlaient pendant la nuit les lampes d'un candélabre d'or à sept branches, et il était ordonné que le peuple eût soin d'offrir la plus pure huile d'olive pour entretenir ces lampes. Il y avait encore dans le tabernacle une table d'or pour y offrir continuellement devant Dieu douze pains appelés pains de proposition. Ils étaient faits d'huile et de la plus pure farine. On les changeait toutes les semaines, et au lieu de ceux qui étaient rassis on en mettait d'autres tout récens. Il n'était permis qu'aux seuls prêtres de manger ceux que l'on avait retirés, et ils devaient même les manger dans le sanctuaire pour en marquer davantage la sainteté.

Les divers ustensiles gravés dans cette planche sont extraits des ouvrages de Lens, André Bardon, Caylus, Montfaucon, du recueil des antiquités d'Herculanum, de celles du cabinet d'Hamilton publiées par Hancarville. Le vaisseau est dessiné d'après ceux qui se voient sur la colonne Trajane; le candélabre d'or d'après l'arc de triomphe de Titus, et l'arche sainte des Juifs d'après les figures placées dans les bibles.

Pl. XX. — *Instrumens de musique, bijoux, monnaies.*

Des instrumens de musique des anciens, plusieurs sont encore en usage parmi nous. La lyre fut d'abord formée d'une écaille de tortue et de deux cornes de bouc, et plus tard on la fit en bois. Elle avait depuis trois jusqu'à neuf cordes, et variait dans la forme selon l'effet que voulait produire l'ouvrier. Le trigone à cordes que nous donnons paraît assez analogue à une harpe. Il y avait des flûtes droites, des flûtes recourbées qui paraissent différer peu de notre hautbois, et dans les cérémonies religieuses on voit souvent un musicien qui joue de deux flûtes ou d'une flûte double. Les trompettes de cuivre étaient ou droites ou courbées en un seul cercle, mais les monumens n'en offrent aucune qui présente des contours aussi multipliés que nos cors actuels. La syringe, ou flûte de Pan à sept tuyaux de roseau, se voit souvent sur les sculptures antiques. Pour produire un bruit aigu, les Egyptiens se servaient du systre, instrument de bronze, traversé par plusieurs baguettes du même métal, qu'ils secouaient ou frappaient en mesure, et les Romains d'un triangle de fer suspendu à un anneau et frappé avec une tige de fer. Dans les bacchanales ou pompes de Bacchus, on faisait usage de cymbales d'airain et de tympanons ou tambours de basque, couverts tantôt d'une plaque de cuivre mince, et tantôt d'une peau, et garnis de grelots ou de sonnettes.

Chez ces nations belliqueuses, où la valeur était la première de toutes les vertus, on mettait une lance dans la main des divinités les plus révérées. Cet ornement est l'origine du sceptre des rois, et comme au milieu de leur palais le fer pointu qui le surmontait était plus dangereux qu'utile, on le remplaça par une boule, une fleur ou un fruit. Dans le Bas-Empire celui des empereurs romains supportait un aigle les ailes déployées. Dans les temps les plus anciens les souverains n'étaient distingués que par une bandelette blanche qui leur ceignait le front, et dont les extrémités retombaient sur les épaules. Mais plus tard ils portèrent des couronnes d'or, enrichies de pierreries et surmontées de pointes ou de rayons semblables à ceux dont on entourait la tête des statues du soleil. A leur imitation les reines et les princesses se parèrent de diadèmes d'or garnis de perles et de pierres précieuses. Les femmes riches suspendirent à leurs oreilles des perles, des émeraudes, des grains d'ambre jaune, et portèrent des bracelets et des colliers d'or, de perles et d'ivoire. Celles qui avaient moins de fortune se donnaient les mêmes ornemens en fer doré ou argenté et en grains de verre.

Les patriciens romains avaient emprunté des Étrusques la mode de suspendre au col des jeunes garçons des amulettes d'or pour les préserver de tout mal et surtout de l'envie. On les nommait bulles, parce que leur forme la plus ordinaire était celle d'une boule. Il y en avait aussi beaucoup qui avaient la forme d'un cœur sur lequel on gravait le symbole de la régénération des êtres, auquel on attachait surtout une grande vertu préservative. Nous suivons encore cet usage, à l'exception que ce ne sont plus les enfans des nobles, mais les femmes du peuple qui pendent à leur col un cœur et une croix d'or.

Tous les hommes portaient leur cachet au doigt : c'était une pierre fine gravée enchâssée dans une bague. La dureté de ces pierres les ayant préservées de la destruction, on en a retrouvé un grand nombre qui sont généralement d'un goût, d'une pureté et d'une finesse de dessin vraiment admirables.

Les clefs et les serrures offraient beaucoup plus de variétés que les nôtres, et leurs formes nous paraissent bizarres et extraordinaires.

Les miroirs, d'une forme ovale, étaient en métal poli et fort petits, n'ayant qu'environ six pouces dans leur plus grande dimension. On les tenait à la main avec un manche.

Les anciens écrivaient sur du parchemin ou sur du papirus, écorce mince d'une plante d'Egypte. Ils se servaient d'encre noire, et souvent faisaient les majuscules en encre rouge. Ils traçaient leurs caractères non avec des plumes, mais avec des cannes ou roseaux, et renfermaient leurs manuscrits dans une boîte portative appelée *scrinium*. Ils avaient aussi des tablettes de cuivre, de plomb ou d'ivoire dont les bords étaient un peu exhaussés et dont le milieu était rempli de cire, sur laquelle ils gravaient l'écriture avec un style de fer ou de cuivre pointu par un bout et fait en racloir par l'autre pour pouvoir effacer. Plusieurs de ces tablettes étaient attachées ensemble avec des cordons pour former une espèce de livret.

Les peuples anciens se servaient comme nous de monnaies d'or, d'argent et de cuivre plus ou moins grandes, selon les besoins. On en trouve souvent en grande quantité dans le sein de la terre, surtout des monnaies romaines. Les modernes leur donnent le nom de médailles. Nous représentons dans cette planche, d'après Montfaucon, deux pièces d'or de la république romaine ; l'une, qui porte la tête de Rome personnifiée, est l'*aureus*, valant un de nos louis ; l'autre, sur laquelle est un aigle, est le *semissis* ou moitié de l'aureus. La drachme d'argent d'Athènes, valant dix-huit sous de notre monnaie, montre d'un côté la tête de Minerve casquée, et de l'autre une chouette, oiseau qui lui était consacré. Elle est tirée du Voyage du jeune Anacharsis. Sur la monnaie de Lacédémone, prise de Montfaucon, on voyait Castor et Pollux courant à cheval la lance à la main, et ayant chacun une étoile sur la tête. D'après l'Apparat biblique du père Lami, le sicle d'argent des Hébreux valait trente et un sous. Il offre d'un côté un petit vase et de l'autre la verge d'Aaron. Les lettres inscrites autour du vase signifient sicle d'Israël, et autour de la verge fleurie Sainte Jérusalem. Ces lettres sont samaritaines, celles dont les Juifs faisaient usage avant la captivité de Babylone. Les habitans d'Ilium *recens*, dans la Troade, ont uni leur mythologie à celle des Romains, leurs protecteurs, dans la médaille en bronze tirée du cabinet du roi, que nous plaçons ici. D'un côté Hector est posé dans l'attitude du combat. Son nom se lit près de son bouclier. De l'autre, la louve de Mars allaite les deux jumeaux Romulus et Romus. On lit au-dessous le nom d'Ilion.

Les autres figures sont tirées des ouvrages de Lens, de Villemin, d'André Bardon, de Montfaucon, des antiquités d'Herculanum, du cabinet d'Hamilton publié par Hancarville, du Dictionnaire d'antiquités, de l'Encyclopédie, et des Pierres gravées du cabinet d'Orléans.

Pierre TARDIEU.

DE L'IMPRIMERIE DE COSSON, RUE GARANCIÈRE.

Pl. I.

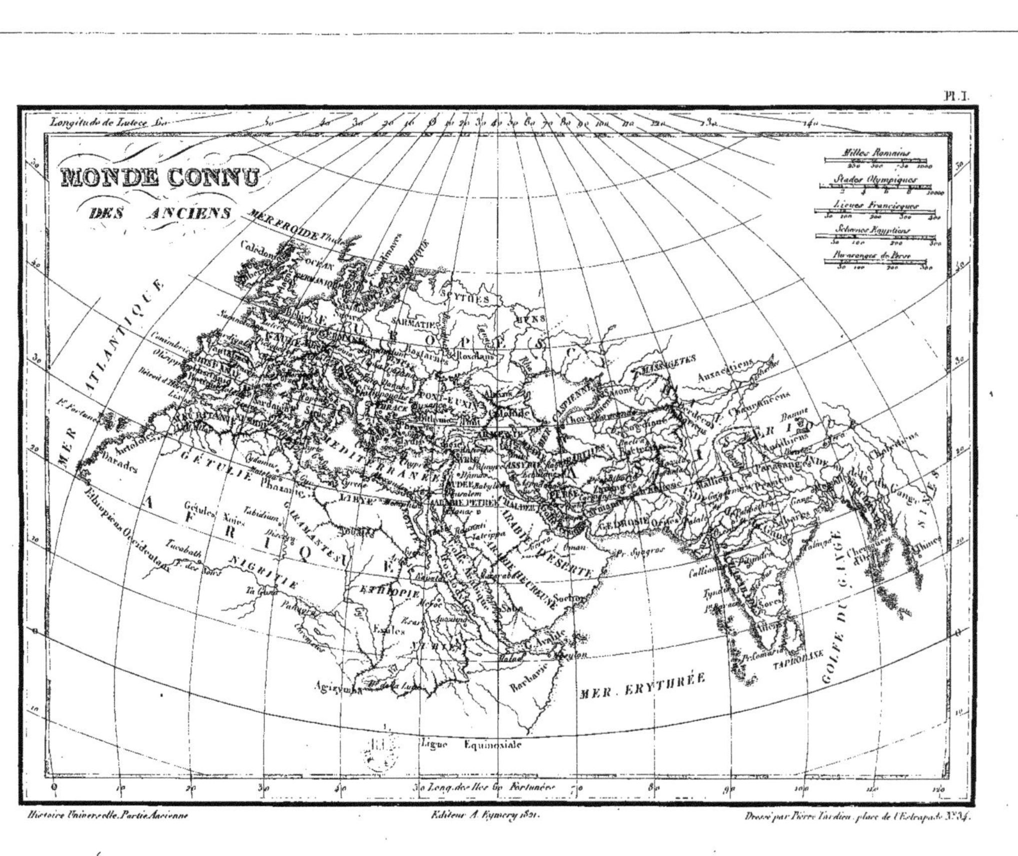

Histoire Universelle. Partie Ancienne
Editeur A. Eymery 1821.
Dressé par Pierre Tardieu, place de l'Estrapade N.° 34.

Pl. II.

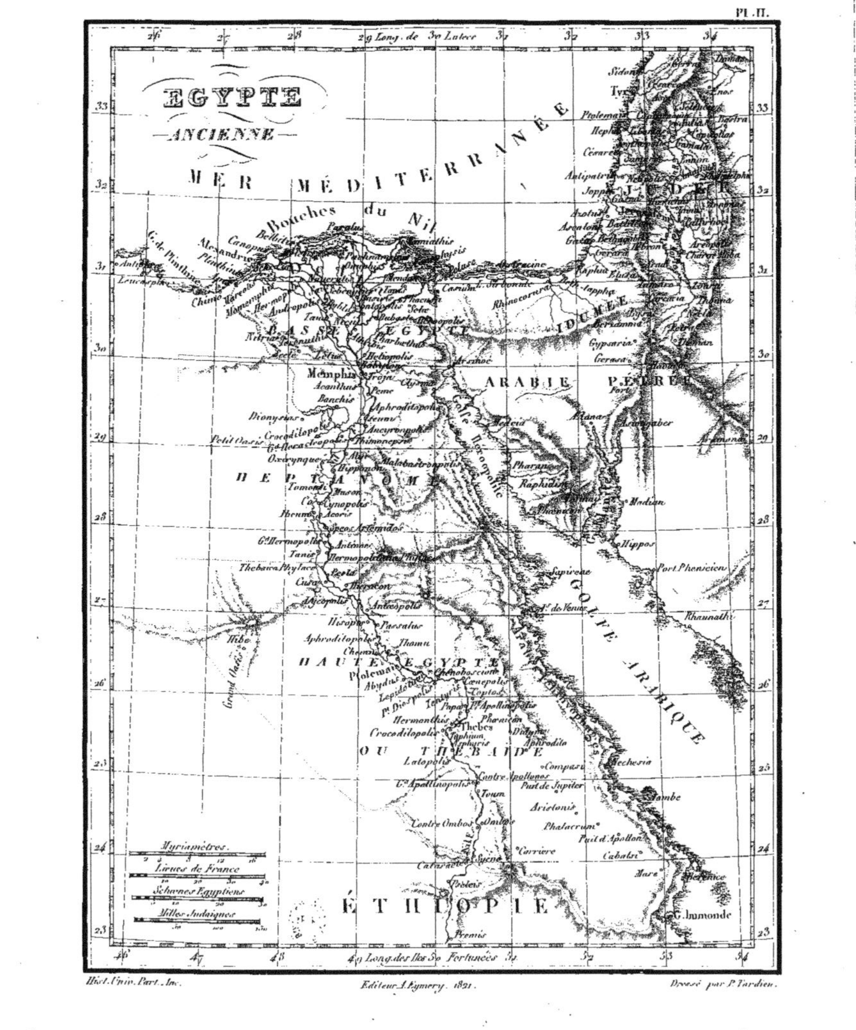

Hist. Univ. Part. Anc.

Editeur A. Eymery. 1821.

Dressé par P. Tardieu.

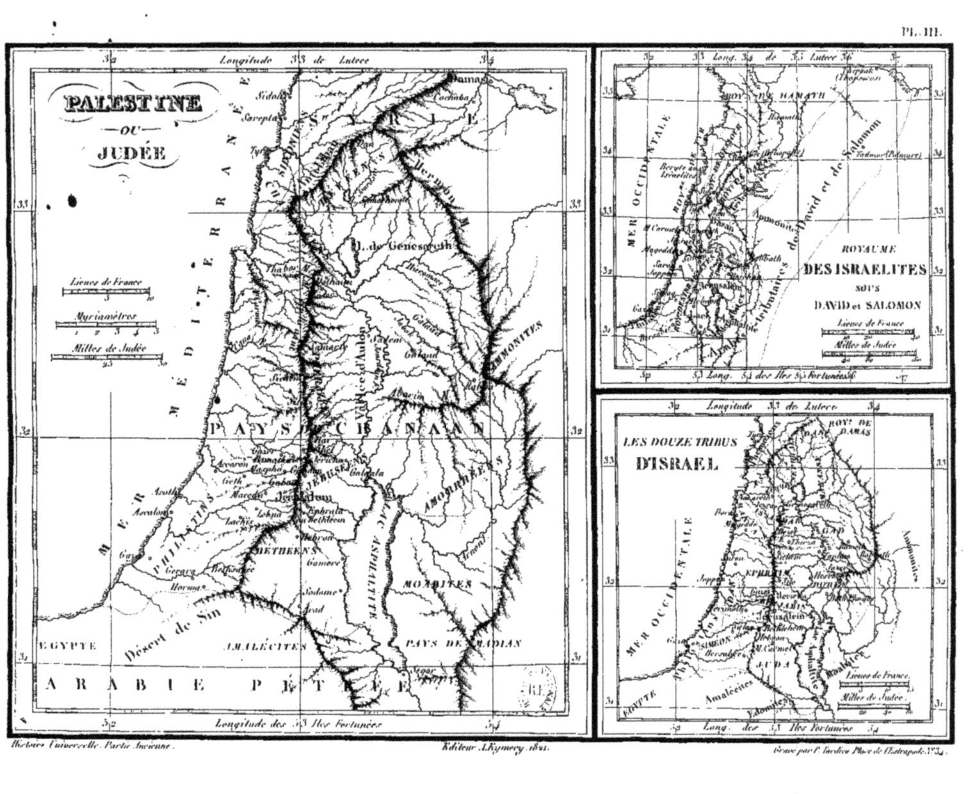
PALESTINE
OU
JUDÉE
Longitude de Lutece
Lieues de France
Myriamètres
Milles de Judée
MÉDITERRANÉE
MER
SYRIE
Damas
Sidon
Sarepta
Tyr
L. de Genesareth
Thabor
PAYS DE CHANAAN
Jérusalem
Bethléem
Hebron
Gaza
Ascalon
Azoth
Geth
PHILISTINS
HETHÉENS
Gerara
Bersabée
Horma
Sodome
Gomore
Arad
Désert de Sin
AMALÉCITES
LAC ASPHALTITE
MOABITES
AMORRHÉENS
AMMONITES
Galaad
Arnon
PAYS DE MADIAN
Segor
EGYPTE
ARABIE PÉTRÉE
Longitude des Iles Fortunées
ROYAUME
DES ISRAELITES
SOUS
DAVID et SALOMON
ROY. DE HAMATH
Tadmor (Palmyre)
MER OCCIDENTALE
Tributaires de David et de Salomon
Ammonites
Jérusalem
Lieues de France
Milles de Judée
Long. des Iles Fortunées
LES DOUZE TRIBUS
D'ISRAEL
ROY. DE DAMAS
MER OCCIDENTALE
Joppé
EPHRAIM
GAD
SIMEON
JUDA
Amalécites
Iduméens
Ammonites
Moabites
EGYPTE
Lieues de France
Milles de Judée
Long. des Iles Fortunées
Histoire Universelle. Partie Ancienne.
Editeur A. Eymery. 1841.
Gravé par P. Tardieu Place de l'Estrapade N° 34.

PL. IV.

GRANDE GRÈCE

Myriamètres
5 10 20

Lieues de France
25 50

Stades
300 600 1200

MER ADRIATIQUE

ILLYRIE

MACÉDOINE

THRACE

PONT EUXIN

Propontide

MER IONIENNE

MER DE CRÈTE

CRÈTE

MER MÉDITERRANÉE

ASIE MINEURE

LIBYE

Long. de Lutèce

Long. des Îles Fortunées

Histoire Universelle, Partie Ancienne. Éditeur A. Eymery. 1821. Gravé par P. Tardieu Place de l'Estrapade N°. 34.

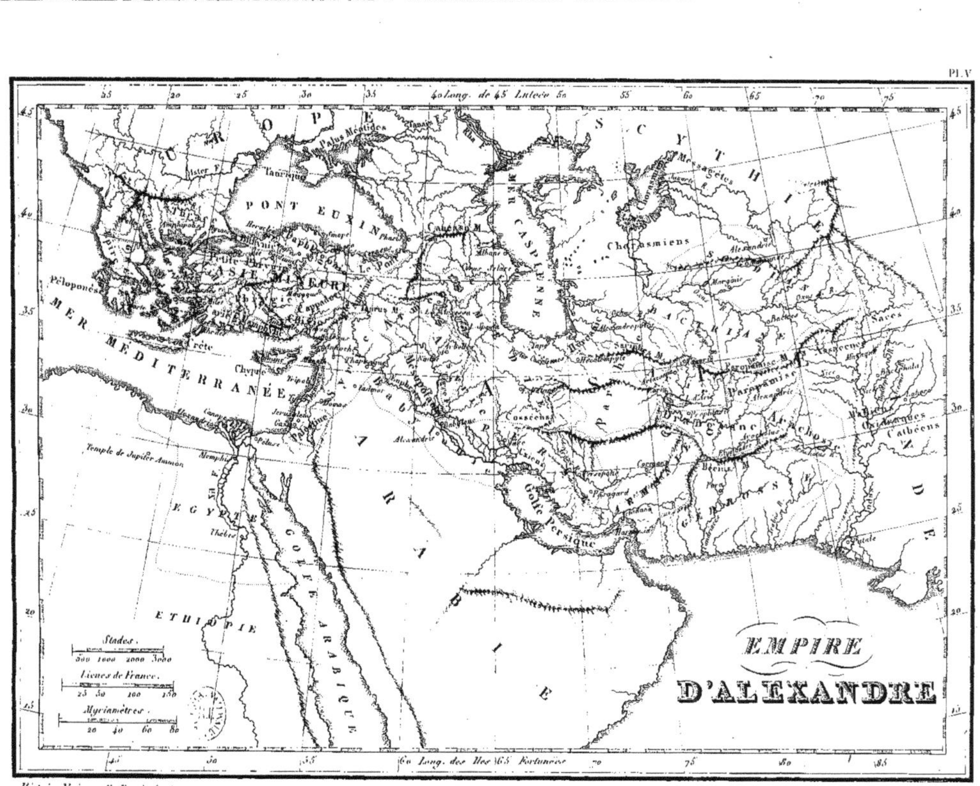

Histoire Universelle. Partie Ancienne.

Editeur A. Eymery 1821.

Dirigé par P. Tardieu.

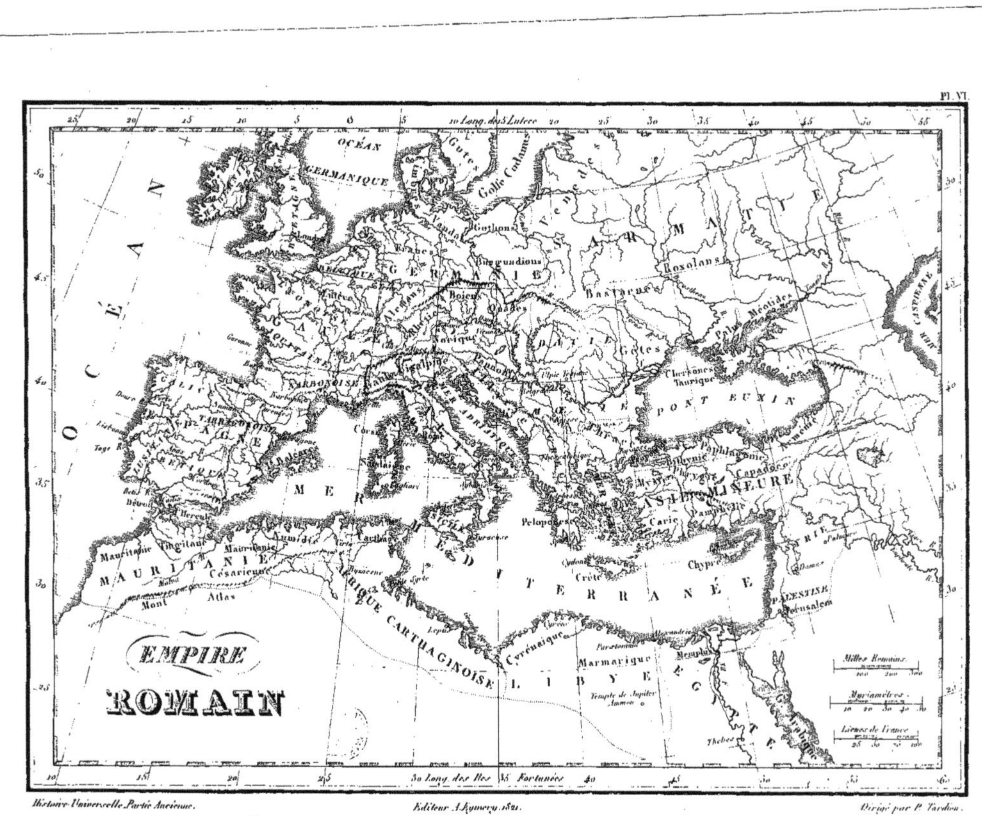
Pl. VI.
EMPIRE
ROMAIN
OCÉAN
OCÉAN GERMANIQUE
Golfe Codanus
S A R M A T I E
G E R M A N I E
Burgundions
Roxolans
Bastarnes
Boiens
Quades
Palus Méotides
D A C I E
Gètes
Cherkonèse Taurique
PONT EUXIN
CASPIENNE
NARBONOISE
Cisalpine
MER ADRIATIQUE
Corse
Sardaigne
Baléares
M E R
M É D I T E R R A N É E
Sicile
Péloponèse
Crète
Chypre
ASIE MINEURE
Paphlagonie
Bithynie
Capadoce
Mysie
Carie
Pamphylie
Arménie
SYRIE
Damas
PALESTINE
Jérusalem
Mauritanie Tingitane
Mauritanie Césarienne
M A U R I T A N I E
Numidie
Carthage
Mont Atlas
AFRIQUE CARTHAGINOISE
Cyrénaïque
Marmarique
L I B Y E
Temple de Jupiter Ammon
Memphis
Thèbes
Milles Romains
Myriamètres
Lieues de France
10 Long. de S. Lutèce
30 Long. des Iles Fortunées
Histoire Universelle Partie Ancienne.
Editeur A. Eymery. 1821.
Dirigé par P. Tardieu.

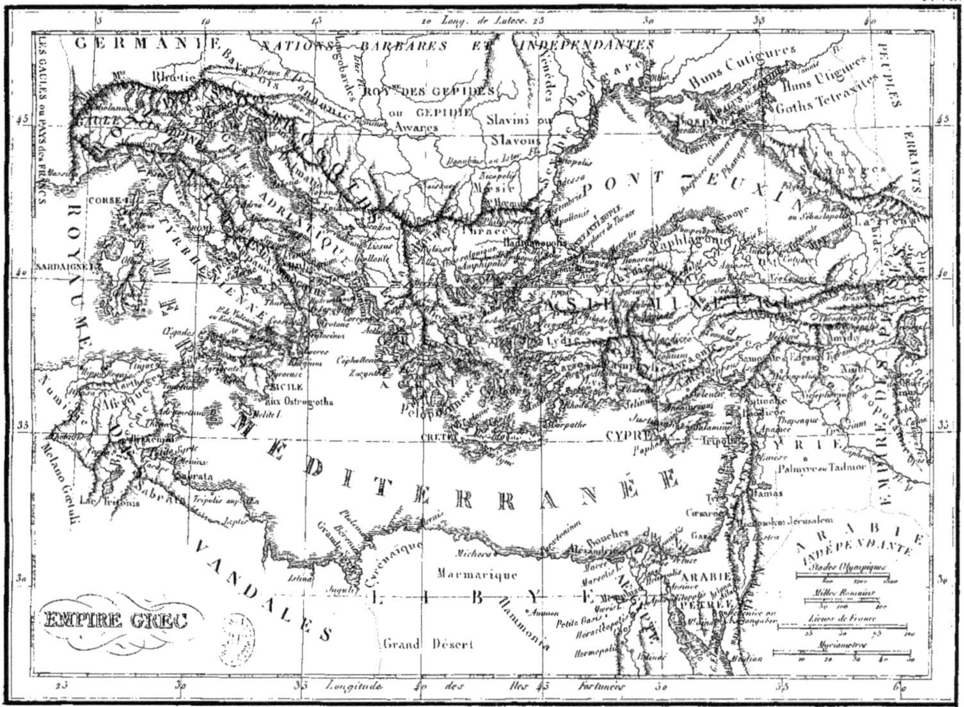

Pl. VII.

EMPIRE GREC

Histoire Universelle, partie Ancienne. Editeur A. Eymery. 1821. Gravé par P. Tardieu.

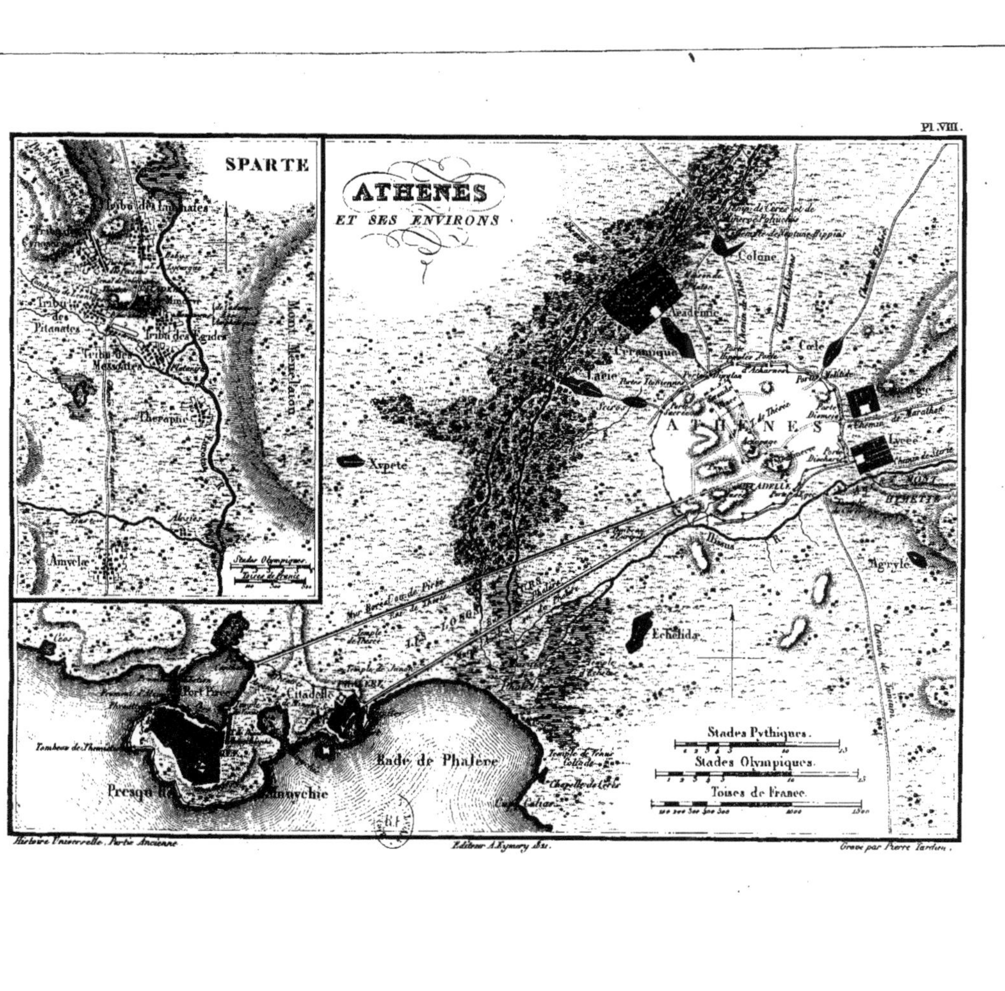
ATHÈNES
ET SES ENVIRONS
SPARTE
Mont Ménélaïon
Tribu des Limnates
Tribu des Pitanates
Tribu des Egides
Tribu des Messoates
Thérapné
Amyclæ
Stades Olympiques
Toises de France
Colone
Académie
Céramique
Larie
Cele
ATHÈNES
Lycée
Xypete
Agryle
Echelidæ
Port Pirée
Citadelle
Rade de Phalère
Presqu'île de Munychie
Tombeau de Themistocle
Chapelle de Cérès
Cap Colias
Stades Pythiques
Stades Olympiques
Toises de France

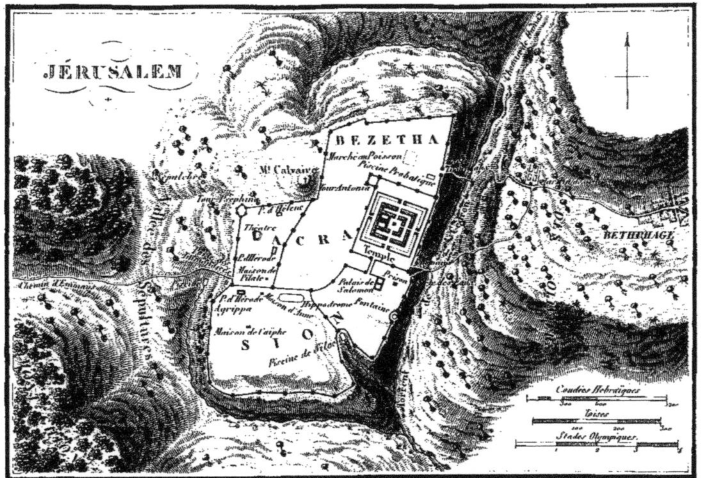

JÉRUSALEM

BEZETHA
Marché au Poisson
Piscine Probatique
Mt. Calvaire
Tour Antonia
T. d'Helene
Théâtre
ACRA
Temple
P. d'Hérode
Maison de Pilate
Palais de Salomon
Prison
Chemin d'Emmaüs
Vallée des Sépultures
P. d'Hérode Agrippa
Hippodrome
Fontaine
Maison de Caïphe
SION
Piscine de Siloé
BETHPHAGE
Coudées Hebraïques
Toises
Stades Olympiques

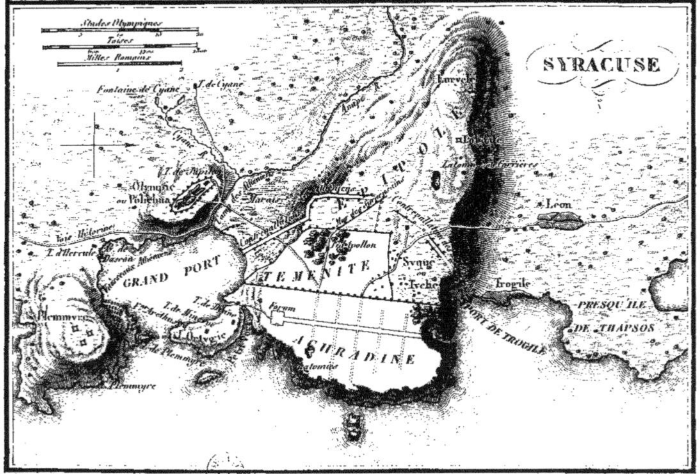

SYRACUSE

Stades Olympiques
Toises
Milles Romains
Fontaine de Cyane
T. de Cyane
Cyane
Olympie ou Polichna
Voie Hélorine
T. d'Hercule
GRAND PORT
Plemmyre
EPIPOLE
TEMENITE
Apollon
Tyche
Forum
ACHRADINE
Leon
Trogile
PORT DE TROGILE
PRESQU'ILE DE THAPSOS

Histoire Universelle Partie Ancienne. Editeur A. Eymery 1821. Dessiné par Pierre Tardieu

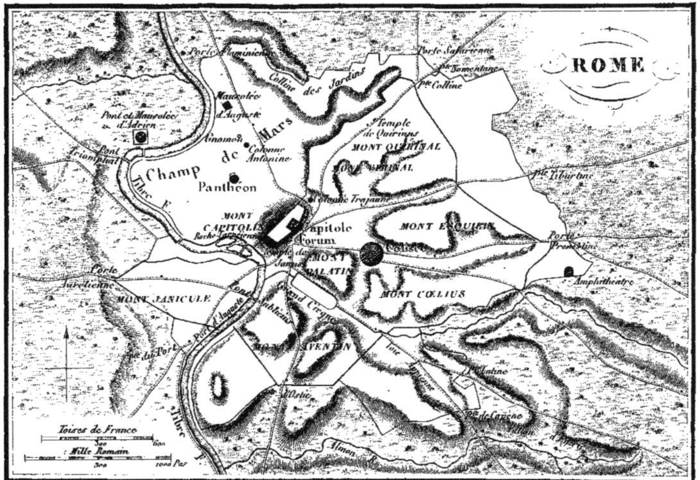

PL. X.

ROME

Porte Flaminienne
Porte Salarienne
Pte Nomentane
Pte Colline
Colline des Jardins
Mausolée d'Auguste
Pont et Mausolée d'Adrien
Pont Triomphal
Champ de Mars
Colonne Antonine
Panthéon
Temple de Quirinus
MONT QUIRINAL
MONT VIMINAL
Pte Tiburtine
Colonne Trajane
MONT CAPITOLIN
Capitole
Forum
MONT ESQUILIN
Porte Prenestine
Colisée
MONT PALATIN
Amphithéâtre
Porte Aurélienne
MONT JANICULE
Grand Cirque
MONT CŒLIUS
MONT AVENTIN
Tibre
Almon

Toises de France
Mille Romain

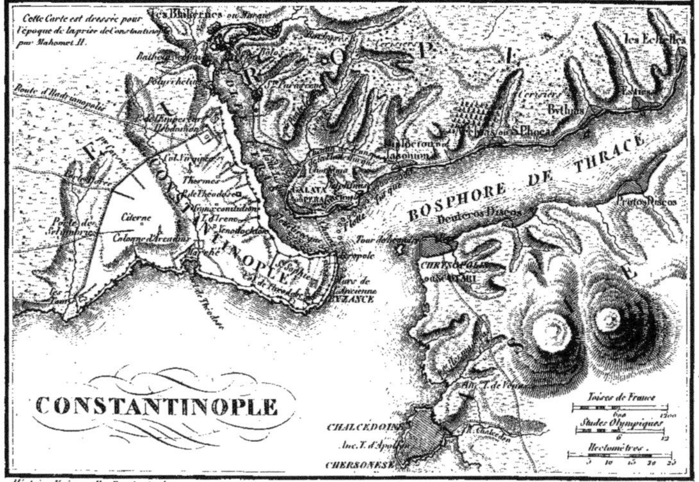

CONSTANTINOPLE

Cette Carte est dressée pour l'époque de la prise de Constantinople par Mahomet II.

Les Blakernes
Route d'Hadrianopolis
CONSTANTINOPLE
Citerne
Colonne d'Arcadius
Thermes
BOSPHORE DE THRACE
Deuteros Dacos
Protos Dacos
Les Echelles
Bythias
CHRYSOPOLIS ou SCUTARI
CHALCÉDOINE
Anc. T. d'Apollon
CHERSONESE
Ancienne BYZANCE

Toises de France
Stades Olympiques
Hectomètres

Éditeur A. Eymery 1821.
Dirigé par Pierre Tardieu.

ICONOGRAPHIE GRECQUE

Histoire Universelle. Partie Ancienne. *Editeur A. Eymery 1821.* *Dessiné par Pierre Tardieu.*

ICONOGRAPHIE ROMAINE

Histoire Universelle Partie Ancienne. *Editeur A. Eymery. 1821.* *Dessiné par Pierre Tardieu.*

COSTUMES DES PEUPLES ANCIENS.

PL. XIII.

Histoire Universelle Partie Ancienne. Editeur A. Eymery 1821. Dirigé par Pierre Tardieu

CAVALIERS ANCIENS.

PL. XIV.

Histoire Universelle. Partie Ancienne.   Editeur A. Eymery 1821.   Dirigé par Pierre Tardieu.

MONUMENS ANTIQUES

PL. XV.

Histoire Universelle. Partie Ancienne. Editeur A. Eymery 1821. Dirigé par Pierre Tardieu

Histoire Universelle. Partie Ancienne. Editeur A. Eymery 1821. Dirigé par Pierre Tardieu

ARMES ET MACHINES DE GUERRE

PL. XVIII.

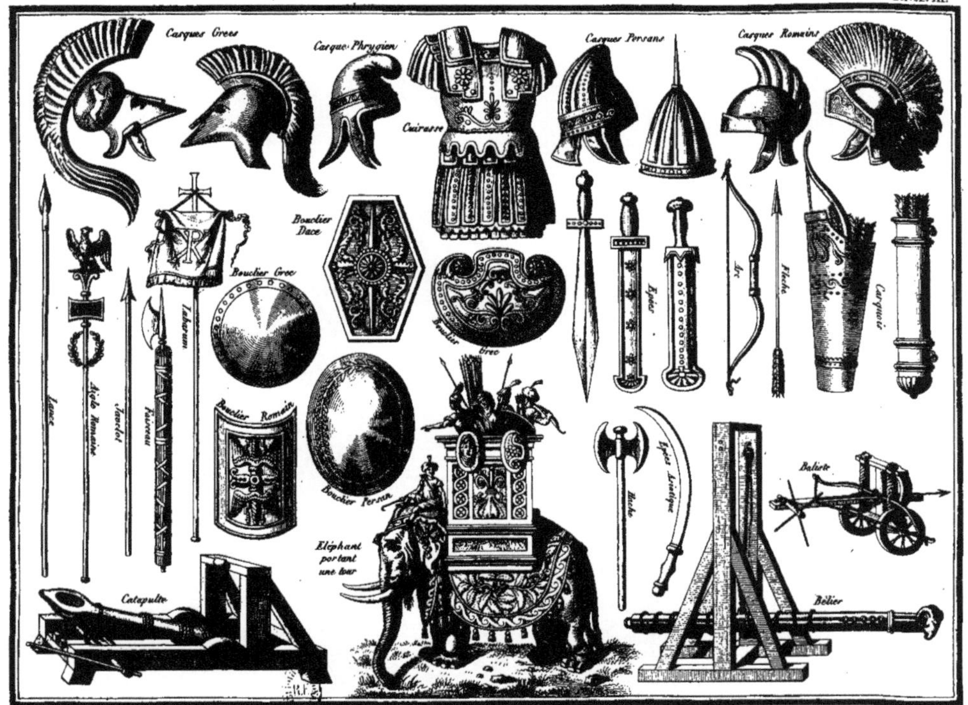

Histoire Universelle. Partie Ancienne. Éditeur A. Eymery 1821 Dessiné par Pierre Tardieu.

VAISSEAU, CHAR, VASES, ET USTENSILES DE MÉNAGE.

Pl. XIX.

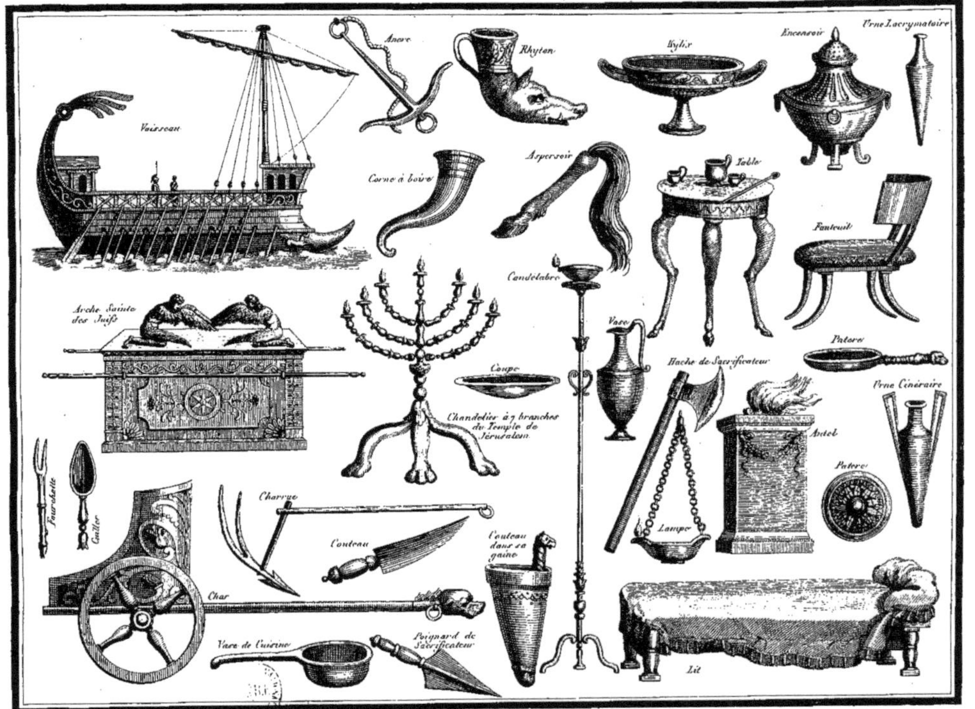

Histoire Universelle Partie Ancienne

Editeur A. Eymery 1821.

Dirigé par P. Tardieu.

INSTRUMENS DE MUSIQUE, BIJOUX, MONNAIES.

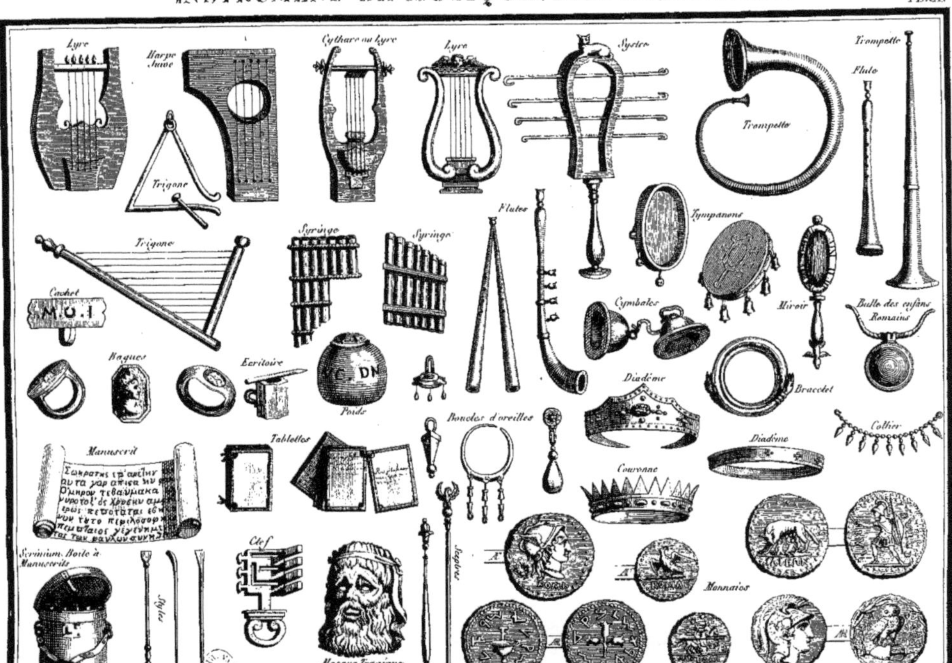

Histoire Universelle. Partie Ancienne — Editeur A. Eymery 1821. — Terminé par P. Tardieu

www.ingramcontent.com/pod-product-compliance
Ingram Content Group UK Ltd.
Pitfield, Milton Keynes, MK11 3LW, UK
UKHW021014200726
13857UKWH00004B/1436